DIESES BUCH GEHÖRT:

_____

_____

Disney

Die Eiskönigin

Neue Vorlesegeschichten mit Olaf

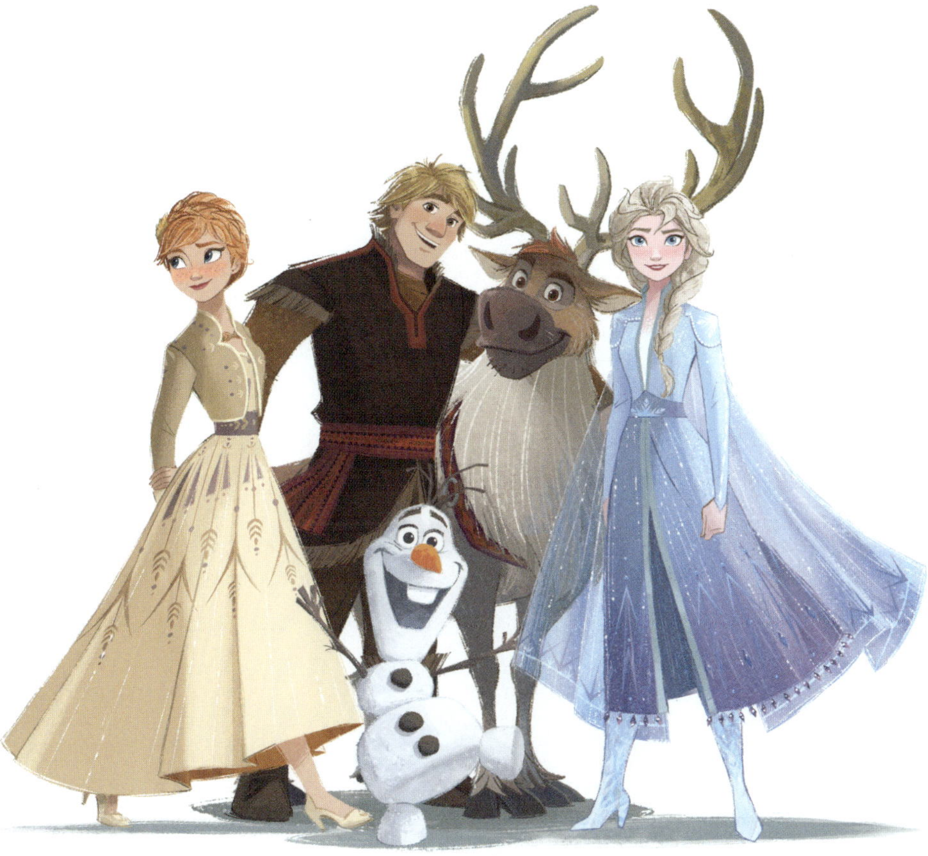

NELSON

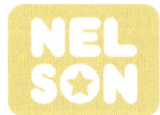

INHALT

Illustrationen: Disney Storybook Art Team

DAS MYSTISCHE RENTIERHORN

Eines schönen Sommertages verließ Olaf das Schloss auf der Suche nach einem besonderen Vogel: der Silberkopfgrasmücke. In seinem Buch über Vogelbeobachtung stand, dass sie sehr schwer zu entdecken waren. Also nahm er ein Fernrohr mit. Er kletterte auf den höchsten Hügel, den er finden konnte, stellte das Teleskop auf und richtete es auf die Baumkronen.

„Hier, Vögelchen, Vögelchen!", rief er. „Wo seid ihr?"

Kein einziger Vogel war in Sicht. Olaf drehte das Fernrohr in die andere Richtung.

„Okay, ich sehe Oakens
Wäsche ... Wahnsinn!
Ich habe noch nie einen
so großen Schlafanzug
gesehen! Größer als die
Flagge von Arendelle! ...
nein, keine Vögel."

Olaf seufzte. „Versuchen wir es auf der Wiese im Norden."
Wieder drehte er sein Fernrohr in eine andere Richtung.
„Immer noch keine Vögel. Aber ... oh! Ein niedliches, kleines
Rentierbaby ... und ein großes Rentier ... und ... Moment!
Dieses hier sieht wie ein Rentier aus, aber ..." Olaf schnappte
nach Luft. „Es hat ein großes, orangefarbenes Horn auf der
Nase!", quietschte er. „Es ist ein mystisches Rentierhorn!"

Olaf hüpfte aufgeregt auf und ab und stieß dabei versehentlich sein Fernrohr um.

„Das muss ich mir wohl auf die altmodische Art und Weise von Nahem ansehen", sagte er, als er die Scherben betrachtete. Er drehte sich zu dem Rentierhorn um und rief: „Warte, Rentierhorn, geh nicht weg! Ich komme jetzt runter!"

Olaf rannte den Hügel hinunter – so schnell, dass er nach und nach in Einzelteile zerfiel. Nachdem er unten angekommen war, sammelte er alles wieder ein und setzte sich zusammen. Er sah sich um, aber das Rentierhorn war verschwunden.

Er traf auf zwei Rentiere und ging auf sie zu. „Entschuldigt bitte, aber könntet ihr mir das Rentierhorn vorstellen, das gerade hier war? Ihr wisst schon: euer Freund mit dem orangefarbenen Horn auf der Nase." Aber die Rentiere grunzten nur und galoppierten davon.

„Wo wollte es hin?", rief Olaf. „Sagt ihr dem Rentierhorn Bescheid, dass ich hier bin?", fragte er hoffnungsvoll. „Ich warte." Er begann zu summen, um sich die Zeit zu vertreiben, und bald brach die Nacht herein. Die Grillen zirpten und Eulen heulten, aber das Rentierhorn kehrte nicht zurück.

Olaf ging zurück zum Schloss und erzählte Anna, Kristoff und Sven, was geschehen war. Kristoff lächelte und fragte, ob er sich Olafs Karottennase ausleihen dürfe. Dann bat er Sven, sich zu setzen. Kristoff hielt die Karotte hoch und balancierte sie auf Svens Maul. „Bleib stehen ... genau da ... so."
Sven saß ganz still.

Kristoff wandte sich an Olaf. „Ist es das, was du gesehen hast?"

„Nun, ich bin mir sicher, dass meine Nase in meinem Gesicht war, aber Sven hat eine verblüffende Ähnlichkeit mit dem Rentierhorn", sagte Olaf.

Kristoff reichte die Karottennase an Olaf zurück und erklärte, dass dieser Trick eines der ersten Dinge war, die man einem jungen Rentier beibringt.

„Tut mir leid, dir das zu sagen, Kumpel, aber ich glaube, dein Rentierhorn war nur ein ganz normales, gut trainiertes Rentier."

Olaf war enttäuscht.

„Ach, schade. Ich dachte wirklich, ich hätte ein Rentierhorn gesehen."

Anna warf Kristoff einen Blick zu und runzelte die Stirn, dann wandte sie sich an Olaf.

„Ich glaube, Kristoff hat vergessen zu erwähnen, dass der ganze Sinn dieses Tricks darin besteht, dass das Rentier wie ein mystisches Rentierhorn aussieht", erklärte sie.

„Ähm ... richtig!", sagte Kristoff und verstand. „Denn das Rentierhorn ist legendär!"

Olaf strahlte.

„Ich weiß! Und ich habe eins gesehen!"

Olaf und die Warmen Umarmungen

Wie jede Woche ging Olaf in die Bücherei. Nachdem er die gelesenen Bücher zurückgebracht hatte, begrüßte er erst mal alle anderen Bücher.

„Guten Tag, Bücher! Welches von euch lese ich denn heute?",
sagte Olaf und sah auf die hohen Regale. Er stieg auf einen
Bücherstapel und schaute sich jedes einzelne Buch an.

„Habe ich schon gelesen. Kenne ich. Kenne ich. Moment ...
Was ist das?"

Olaf griff nach einem Buch mit blauem Umschlag mit dem
Titel „Hygge". Olaf kannte das Wort nicht, aber es gefiel ihm.

Er trug das Buch in seine liebste Leseecke und schlug die
erste Seite auf. Aber bevor er zu lesen beginnen konnte,
agte Oddvar, der Bibliothekar, dass die Bücherei
für heute schließen müsse.
Mit einem Bücherstapel bepackt,
ging Olaf zurück ins Schloss.

Er war so neugierig auf das Hygge-Buch, dass er es noch im
Schlosshof öffnete.

„Bei Hygge geht es um Gemütlichkeit. Du kannst es mit
der Familie und Freunden erleben oder auch allein", las er.
So ganz verstand er es nicht. Er musste Anna und Elsa fragen!

Später am Abend zeigte er das Buch seinen Freunden und
fragte, was es bedeute.

„Hygge ist ein Gefühl von Wärme und Zufriedenheit,
das du im Innern bekommst", erklärte Elsa.

„Ich bekomme ein hyggeliges Gefühl, wenn ich flauschige
Socken anziehe", sagte Anna.

„Ich bekomme so ein Gefühl, wenn ich jemandem etwas schenke, worüber die Person sich freut. Eine Packung Schokolade neulich für Anna zum Beispiel", sagte Kristoff.

Elsas Augen weiteten sich. „Ist noch etwas davon übrig?", flüsterte sie ihrer Schwester zu.

„Vielleicht", antwortete Anna.

„Kristoff kaufte Schokolade für mich, weil er mich liebt", fuhr Anna fort. „Das hat mir ein Gefühl von Glück gegeben, das den ganzen Tag angehalten hat. Hyggelig eben."

„Ich habe das erste Mal Hygge erlebt, als ich mit Mutter und Vater zusammen war", sagte Anna. „Ich liebte es, ihren Geschichten zuzuhören. Wir hatten so viel Spaß gemeinsam, als Familie. Diese Momente waren hyggelig."

„Ich fühle mich warm und zufrieden, immer wenn ich Mutters Schal trage", fügte Elsa hinzu. „Das erinnert mich auch an ihren Gesang."

„Singen gehört für mich auch zu Hygge dazu", sagte Kristoff.
„Sven und ich sangen immer gemeinsam im Stall, bevor wir euch
trafen. Der Geruch von warmem Heu, das Knuspern
von Karotten und das Klingeln von
Rentier-Glocken macht
mich glücklich und
entspannt."

„Ich singe auch gern mit deiner Trollfamilie", sagte Anna zu Kristoff. „Immer wenn ich mit ihnen zusammen bin, fühle ich mich hyggelig. Sie sorgen stets dafür, dass man sich gut und willkommen fühlt."

„Ich fühle mich auch immer warm und aufgeregt, wenn ich sie sehe!", rief Olaf. „Ich wusste nur nicht, dass es dafür so ein besonderes Wort gibt."

Olaf überlegte, in welchen Momenten er sich noch hyggelig gefühlt hatte.

„Wenn Sven meine Nase küsst, fühle ich mich glücklich", sagte Olaf. „Und ich bekomme das beste hyggelige Gefühl, wenn Marshmallow mich umarmt. Mag ich deshalb warme Umarmungen so gern?"

„Das würde mich nicht überraschen", sagte Anna.

„Ich liebe es auch, Zeit mit meinen
kleinen Brüdern zu verbringen. Egal, ob
sie schlafen oder wach sind", sagte Olaf.
„Das ist Hygge, richtig?"

„Auf jeden Fall!", sagte Elsa. „Genauso, wie ich es liebe, wenn wir zusammen im Schloss am Kamin sitzen, oder im Wald unterm Sternenhimmel, oder wenn wir einfach gar nichts tun."

„Wir haben gemeinsam hyggelige Momente erlebt, wenn wir
Spiele gespielt oder in der Küche genascht haben."

„Kann Hygge auch das Gefühl
bedeuten, wenn man Bilder von
seiner Familie malt?", fragte Olaf.
„Ja, ganz genau!", antwortete Anna.

„Was ist mit Vorlesen? Wenn ich Kindern in der Bücherei zur Märchenstunde Geschichten vorlese – das muss Hygge sein!", sagte Olaf.

„Kann Hygge auch Kuchen, ein Picknick, oder Kerzen, oder Honig, oder Blumen, oder heiße Schokolade sein?", fragte Olaf.

„Für mich ist es das alles!", sagte Elsa lachend.
„Für mich auch!", stimmte Anna zu.

„Ich habe schon immer warme Sommertage geliebt", sagte Olaf.
„Aber wenn ich jetzt darüber nachdenke, glaube ich, es gibt
etwas, was ich noch mehr liebe."

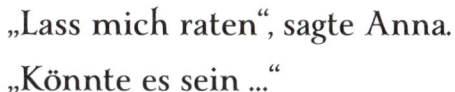

„Lass mich raten", sagte Anna.
„Könnte es sein ..."

„HYGGE!", riefen alle gemeinsam.

„Und für mich bedeutet Hygge, Zeit mit euch allen zu verbringen ... meinen besten Freunden ... meiner Familie", sagte Olaf.

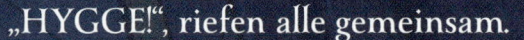

DAS VERSCHWUNDENE LESEZEICHEN

Eines Tages trafen sich Anna, Olaf, Sven und Kristoff mit Elsa zu einem Picknick. Olaf brachte einige seiner Lieblingsbücher mit, und die Freunde verbrachten den Tag mit Essen, Spielen und Entspannen. „Wer hat Lust auf eine Runde Versteckspiel?", fragte Anna.

„Ich!", rief Olaf. Er suchte auf der Decke nach seinem Lesezeichen.

„Oh-oh. Ich kann mein Lieblings-Lesezeichen mit den Blättern nicht finden!"

"Wir helfen dir beim Suchen", sagte Elsa und kam zu ihm.

Olaf kroch unter die Decke und suchte alles ab. Anna und Kristoff versuchten zu helfen, aber sie konnten das Lesezeichen auch nirgendwo finden.

„Wo um alles in der Welt kann es nur sein?", fragte Olaf mit einem Seufzer. „Es war doch gerade noch hier!"

„Dafür kann es nur eine Erklärung geben", sagte Elsa. Sie schaute zu Anna hinüber, und beide sagten gleichzeitig: „Húldrefolk!"

„Húldre-was-bitte?", fragte Olaf.

„Keine Sorge", sagte Kristoff und sah Olaf an. „Ich habe auch noch nie von ihnen gehört."

„Das sind magische Wesen, die verlorene Dinge finden und ihnen ein neues Zuhause geben", erklärte Elsa. „Man sagt, dass sie unter uns leben und sich perfekt in ihre Umgebung einfügen."

Olaf schaute sich um.

„Heißt das, sie können uns jetzt sehen?", flüsterte er. Anna und Elsa nickten.

„Das ist faszinierend. Aber auch ein bisschen unheimlich", flüsterte Olaf.

Anna setzte sich neben den Schneemann.

„Als wir klein waren und Elsa oder ich ein Spielzeug verlegt haben, hat Mutter uns getröstet, indem sie sagte: ‚Irgendein Húlder-Kind muss es mehr gebraucht als ihr.'"

„Wie sehen sie aus?", fragte Olaf.

„Nun, man sagt, sie ähneln kleinen Kobolden", sagte Elsa.

„Nein, das tun sie nicht, Elsa!", widersprach Anna. „Sie sollen sehr niedlich sein, mit zarten, spitzen Ohren und ..."

„Ich weiß: mit kleinen puscheligen Schwänzchen", sagte Elsa kichernd.

„Wie der von Sven?", fragte Olaf.

Anna zuckte mit den Schultern. „Niemand weiß es. Ich las über das Húldrefolk in einem großen, dicken Lexikon: Wesen aus Mythen und Legenden. Darin stand, dass nur Húlder-Frauen Schwänzchen haben. Aber sie sind sehr schüchtern, deshalb verstecken sie sie immer unter ihrer Kleidung oder halten ihren Rücken abgewandt."

Kristoff sah Anna an. „ Also ich weiß nicht ... Der Buchtitel klingt nicht sehr sachlich."

„Sagt der Junge, der von Trollen großgezogen wurde", sagte Anna.

„Ein Punkt für dich", gab Kristoff zu und ließ sich neben Anna nieder.

„Wenn das Húldrefolk nun mein Lieblingslesezeichen hat, wie kann ich es zurückbekommen?", fragte Olaf. Anna und Elsa zuckten mit den Schultern. Der kleine Schneemann ließ den Kopf sinken und sank traurig in sich zusammen.

Anna nahm sich Olafs Buch und blätterte durch die Seiten.

Plötzlich stieß Anna einen Schrei aus und hielt Olafs Blatt-Lesezeichen hoch. „Es steckte zwischen einigen der Seiten!"

„Oh, mein Lesezeichen", sagte Olaf und hielt es in seiner Zweighand. „Wie habe ich dich vermisst!" Olaf umarmte das Blatt und steckte es wieder in sein Buch.

Dann schaute er in Richtung Wald und rief: „Danke, dass ihr mein Lesezeichen zurückgebracht habt, Húldrefolk!" Er lehnte sich zu Anna und flüsterte: „Ich glaube, ich habe gerade im Busch einen Schwanz gesehen."

OLAF UND DER DOMOVOJ

Es war ein strahlender Frühlingstag – zu schön, um im Schloss zu bleiben. Olaf wollte hinaus in die Sonne gehen und ein Abenteuer erleben, aber alle anderen waren beschäftigt.

„Was soll ich nur tun?", fragte er sich. Eine Topfpflanze in der Nähe brachte ihn auf die perfekte Idee. „Ich besuche Trolle!", rief er.

Als er losging, bemerkte
er ein merkwürdig
aussehendes Eichhörnchen,
das ihm durch das
Schlosstor gefolgt war.
Olaf fand das ein wenig
seltsam, aber er dachte
nicht weiter darüber nach.
Stattdessen versuchte er,
sich an den Weg zum Tal
der Trolle zu erinnern.

Als er auf einen moosbewachsenen, kleinen Felsen stieß,
kniete Olaf sich daneben und sagte: „Hallo! Kennst du Sven?
Du kennst ihn vielleicht als Kristoffs Rentier." Aber der
Felsen antwortete nicht.

Kurze Zeit später hockte sich Olaf neben eine kleine
Ansammlung von Sprösslingen.

„Ich muss sagen, ihr kleinen Pilze wachst ja ganz schön", sagte
er zu ihnen. Er hoffte, dass er auf einen Troll gestoßen war.
Aber wieder bekam er keine Antwort.

Olaf seufzte und sah sich um. Er überlegte, in welche
Richtung er nun gehen sollte. Plötzlich stand ein riesiger Bär
vor ihm! „Oh, du bist aber puschelig", sagte Olaf lächelnd.
„Du möchtest bestimmt Honig. Wir sollten uns auf die Suche
nach Bienen machen!"

Aber dem Bären schien diese Idee nicht zu gefallen.
Er brüllte und begann, auf Olaf loszugehen.

Olaf rannte
so schnell er konnte durch den Wald.
Als er ein altes Haus entdeckte, flitzte er
hinein und schloss die Tür hinter sich.

Olaf sah sich um. Das Haus war gruselig! Er wollte es gern
erkunden, aber er musste wieder zu Hause sein, bevor es
dunkel wurde. Aber als er versuchte, die Tür zu öffnen, rührte
sie sich nicht!

„Oh-oh", sagte Olaf. Er war im Haus gefangen!
Da hörte er ein kratzendes Geräusch. „Bist du das,
Eichhörnchen?"

Die kleine Kreatur huschte an Olaf vorbei
und hüpfte hinauf zum Fenster.
Es war mit dicken Brettern
verrammelt. Es schob eins der
Bretter beiseite und enthüllte
eine kleine Öffnung!

„Danke, Eichhörnchen!",
sagte Olaf und folgte
ihm hinaus.

Nachdem Olaf ins Schloss zurückgekehrt war, erzählte er Anna
von seinemAbenteuer.

„Hmm", machte Anna. „Wie hat dieses Eichhörnchen denn
ausgesehen?"

„Du weißt schon, eins von denen, die wie kleine, alte Männer
mit langen, braunen Haaren aussehen", antwortete Olaf.

Anna schnappte nach Luft. „Domovoj!"

„Domo-was?", fragte Olaf.

„Doh-mo-voi", sprach Anna den Namen für Olaf aus.
„Das ist ein kleiner Kobold, der eine Familie bewacht und
sie vor Gefahren beschützt", erklärte sie. „Ich habe für
unseren Domovoj immer Milch und Brot hingestellt."

„Nun, das kleine, alte Eichhörnchen namens Domovoj war so freundlich, mich den ganzen Weg nach Hause zu begleiten", sagte Olaf.

Er schnappte nach Luft und sah Anna an. „Warte mal. Wenn das Eichhörnchen eine Familie beschützt und es mich beschützt hat, gehöre ich dann auch zu deiner Familie?"

Anna lächelte. „Natürlich bist du Teil unserer Familie, Olaf. Für immer und ewig", sagte sie und umfing den kleinen Schneemann in einer warmen Umarmung.

OLAF HAT GEBURTSTAG

„Elsa! Weißt du, was heute für ein Tag ist?", rief Anna, als sie in das Zimmer ihrer Schwester stürzte. Elsa lachte. „Sollte ich?"

„Vor einem Jahr wurdest du zur Königin von Arendelle gekrönt, meine Dame!" Anna machte einen Knicks.

„Aha!", rief Elsa. Als sie sich auf den Weg zum Frühstück machten, sahen sie ihren Freund Olaf den Gang entlanghüpfen.

„Ach du meine Güte! Heute vor einem Jahr habe ich Olaf erschaffen!", flüsterte Elsa.

Die Schwestern sahen sich schuldbewusst an. Sie mussten sich für Olafs Geburtstag etwas Besonderes einfallen lassen! Aber was?

Anna und Elsa gingen in die Stadt und trafen dort auf eine vertraute Gestalt.

„Grüezi!", rief ein großer Mann und winkte ihnen zu. Auf seinem Stand und einer großen Kutsche stapelten sich eine Menge Waren.

„Oaken!", rief Anna. „Hast du etwas für einen Geburtstag?"

„Ihr habt Glück", antwortete Oaken. „Ich habe Luftballons!"

Einige Stunden später stiegen Anna und Elsa mit den Luftballons auf einen grünen Hügel. Sie hatten Olaf gesagt, dass sie ihn dort für ein Picknick treffen wollten. Die Luftballons sollten eine Überraschung sein. Denn Überraschungen waren schließlich das Beste an Geburtstagen!

Sie schlichen sich an Olaf heran und schrien:
„ÜBERRASCHUNG!"

„AHHH!" Olaf sprang vor Schreck in die Luft und verlor dabei Kopf und Arme.

„Oh nein!" Elsa versuchte, ihn wieder zusammenzusetzen.

„Olaf!", rief Anna und versuchte zu helfen.

Nachdem Olaf wieder ganz war, kicherte er. „Was für ein tolles
Spiel", sagte er. „Jetzt bin ich dran – ÜBERRASCHUNG!", rief Olaf
den Schwestern zu.

Anna und Elsa sahen einander an. Die Luftballons waren
weggeflogen.

Sie mussten sich eine andere Geburtstagsüberraschung
ausdenken.

Anna und Elsa verabschiedeten sich von Olaf und gingen zurück zu Oakens Krämerladen.

„Grüezi", begrüßte Oaken sie. „Heute großer Ausverkauf. Teewärmer, zwei zum Preis von einem. Ein Schnäppchen, oder?"

„Hm, wie wäre es denn hiermit?", fragte Anna. Sie hatte einige Musikinstrumente entdeckt und war auf eine Idee gekommen.

Anna, Elsa und Kristoff warteten auf einem von Olafs Lieblingsplätzen auf den kleinen Schneemann: am Hafenbecken. Kristoff war einer der besten Sänger, den sie kannten, daher sollte er sie bei ihrem Überraschungslied zu Olafs Geburtstag begleiten.

Als Olaf kam, stimmten die Freunde ein Lied an und sangen: „Happy birthday, Olaf!"

„Gibt es noch jemanden, der Olaf heißt?", fragte der kleine Schneemann erfreut. „Ich muss ihn finden! Dieses tolle Lied darf er nicht verpassen!" Olaf lief eilig weg. Seine Freunde blieben in verdutztem Schweigen zurück.

„Nicht, dass wir es nicht alle sehen würden", bemerkte Kristoff, „aber der Ehrengast hat soeben das Fest verlassen."

Anna und Elsa sahen einander wieder an. Was nun?

Zurück in Oakens Krämerladen sahen Anna und Elsa die Regale durch.

„Werkzeuge zum Eishacken?", bot Oaken an. „Sie sind der letzte Schrei!"

Anna kicherte. „Die brauchen wir eher nicht, oder, Elsa? Elsa?"

„Was darf auf keinem Geburtstag fehlen?", fragte Elsa Anna.

„KUCHEN!", riefen sie gleichzeitig aus.

Anna und Elsa verbrachten den restlichen Tag damit, einen Kuchen zu backen, der zu ihren neuen Kerzen passte.

„Oooooh!", rief Olaf, als er die brennenden Kerzen sah. „Ein kleines Feuer!"

Sven schien auch sehr an den Kerzen interessiert zu sein. Er beugte sich weiter vor.

„Ich glaube, Sven mag kleine Feuer auch sehr gern", bemerkte Olaf.

Kristoff griff ein: „Nein, Sven, es sind keine ..."

„... Karotten!"

Sven wollte gerade eine der Kerzen fressen, als Kristoff zu Ende sprach. Anna und Elsa erschraken und die Torte fiel mitsamt der brennenden Kerzen auf den Boden.

„Seht euch das an", sagte Olaf. „Aus einem kleinen Feuer wird ein großes!"

Elsa beeilte sich, die Flammen einzufrieren, während Kristoff und Anna Sven zurückhielten.

Eine weitere Geburtstagsüberraschung war gründlich schiefgegangen.

Etwas niedergeschlagen gingen Anna und Elsa ein letztes
Mal zu Oaken.

„Grüezi!", sagte der Krämerladen-Besitzer. „Sonderaktion!
Tropische Dekoration!"

Die Schwestern sahen sich an.

„Das ist perfekt", sagte Anna.

„Ja! Eine Sommerparty für Olaf!", verkündete Elsa.

„Herzlichen Glückwunsch zum Geburtstag, Olaf", verkündete Elsa am Abend.

„Ich habe Geburtstag?" Olaf grinste. „Dann liegt es wohl daran, dass es der beste Tag von allen war!"

„Ach, war er das?", fragte Anna erstaunt.

„Natürlich! Erst habt ihr mir beim Picknick das Überraschungsspiel beigebracht. Dann habe ich am Hafen tolle Musik gehört und danach gab es ein Feuerspektakel! Und nun dieses Fest!"

Die Schwestern waren verblüfft. Obwohl alles schiefgegangen war, hatte Olaf Spaß gehabt.

Anna, Elsa, Kristoff und Sven gaben Olaf sein Geburtstags-
geschenk: eine große Umarmung. Olaf lächelte.

„Ich habe nur eine Frage", verkündete er.

„Und die wäre?", fragte Kristoff.

„Was ist ein Geburtstag?"

OLAF UND
DIE DREI EISBÄREN

Hallo, ich bin Olaf, dein Lieblingsschneemann! Heute erzähle ich dir eine Geschichte.

Eines Tages spazierte ich mit meinen beiden Freunden Anna und Elsa durch den Wald und tat das, was ich am liebsten mache: an den Blumen riechen.

Bevor ich es richtig merkte, waren die beiden schon weitergelaufen.

Vielleicht hatten sie sich im Wald verlaufen? Gut, dass sie mich hatten, um sie zu suchen.

Ich rief ihre Namen, aber alles, was ich hörte, war mein eigenes Echo. Gerade als ich wieder umkehren wollte, entdeckte ich eine Hütte!

Vielleicht konnte ich hier neue Freunde finden, die mir bei der Suche nach meinen alten Freunden helfen konnten?

Ich klopfte an der Vordertür und sie schwang auf.

„Hallo?", rief ich. „Ist jemand zu Hause?"

Aber niemand antwortete.

„Bestimmt machen die Bewohner auch gerade einen Spaziergang“,
sagte ich zu mir selbst. „Ich wette, sie haben Anna und Elsa
getroffen! Das ist perfekt – ich mache es mir einfach hier
gemütlich und warte, bis sie wieder nach Hause kommen.“

Danke, dass du deine Pfoten wäschst!

HOME SWEET HOME

Während ich wartete, stieg mir ein köstlicher Duft in die Nase und ich lief los, um herauszufinden, woher er kam.

In der Küche fand ich drei Schalen mit Haferbrei auf dem Tisch.

Die größte roch etwas nach Fisch und die mittlere ein bisschen nach Karotten – was ja grundsätzlich gut für Nasen ist, aber nicht in Verbindung mit Haferbrei!

Die kleine Schale jedoch duftete nach Sommer, Blumen und Beeren, mit einem Hauch von Zimt.

Aber als ich sie hochhob, musste ich so stark niesen, dass meine Nase durch die Luft flog – und dabei rutschte mir die Schale auf den Boden und zerbrach.

AH AH AH

Ich musste meine neuen Freunde unbedingt bitten, dass sie mir noch mal so einen Haferbrei zubereiteten! Wo blieben sie nur so lange?

Weil sie noch nicht da waren, schnappte ich meine Karottennase und erkundete weiter die Hütte. Im Wohnzimmer standen drei Stühle – ein großer, ein mittlerer und ein kleiner. Nun hatte ich schon eine gute Vorstellung von meinen neuen Freunden: Einer konnte große Umarmungen geben, einer mittlere und der letzte würde vermutlich kleine Umarmungen geben.

Aaaaaaah.
So gemütlich!

Ich versuchte auf den großen Stuhl zu klettern, aber er war etwas zu hoch für mich. Auf dem mittleren lagen zu viele Kissen, aber der kleine war genau richtig. Ich schaukelte hin und her.

Doch es war wohl etwas zu stark, denn schwups, kippte der Stuhl um und zerbrach.

Ich musste unbedingt einen guten Platz finden, um auf meine neuen Freunde und Anna und Elsa zu warten.

Im Schlafzimmer fand ich drei Betten: ein großes, ein mittleres und ein kleines. Ich schlüpfte unter die Decke des kleinsten und es fühlte sich ein bisschen wie eine Umarmung an.

Ich beschloss meine Augen zu schließen, nur für eine Minute.

Doch während ich mich ausruhte, kehrten meine neuen
Freunde nach Hause zurück.

Sie würden sich sicher freuen einen neuen
Freund in ihrer Hütte vorzufinden! Nun
kamen sie nach oben und fanden mich –

einen niedlichen, süßen, unschuldigen, kleinen Schneemann, der unter einer Bettdecke in ihrem Schlafzimmer schlief.

Ich war so glücklich! Meine neuen Freunde waren nicht nur einfach neue Freunde – sie liebten den Schnee genauso wie ich! Denn sie waren Eisbären! Ich sprang aus dem Bett und lief so schnell, wie meine Beine mich tragen konnten.

Und plötzlich wäre ich fast in Anna
und Elsa gerannt! Vielleicht würde Elsa
für uns alle etwas Schnee zaubern, in
dem wir gemeinsam spielen könnten?
   „Wo hast du gesteckt, Olaf?", rief Elsa.
„Wir haben dich überall gesucht!"

„Ihr werdet es nicht glauben", sagte ich und erzählte, was ich erlebt hatte.

Anna und Elsa lachten. „Das war sicher ein Traum!"

Konnte das ein Traum gewesen sein? Es hatte sich alles so echt angefühlt.

Als wir uns auf den Weg zum Schloss machten, schüttelte ich meinen Kopf. Verrückter Olaf! Da war nie eine Hütte mit Eisbären gewesen. Oder doch?

Weitere Titel von der Eiskönigin

Disney
DIE EISKÖNIGIN

So wird's immer sein
Wie es mit Elsa und Anna weiterging

NELSON

So wird's immer sein

ISBN 978-3-8451-2047-8

Disney
DIE EISKÖNIGIN
Magischer Malspaß

NELSON

Magischer Malspaß

ISBN 978-3-8451-2001-0